Bemerkungen

zu dem

Lippischen Thronfolgestreite

und den beiden in ihm ergangenen Schiedssprüchen.

Von

Reichsgerichtsrat a. D. H. Müller,

Berichterstatter im ersten Schiedsgericht.

Leipzig

Verlag von Veit & Comp.

1906

Bemerkungen

zu dem

Lippischen Thronfolgestreite

und den beiden in ihm ergangenen Schiedssprüchen.

Von

Reichsgerichtsrat a. D. H. Müller,

Berichterstatter im ersten Schiedsgericht.

Leipzig
Verlag von Veit & Comp.
1906

Druck von Metzger & Wittig in Leipzig.

Durch den zweiten, jetzt mit den Gründen vorliegenden, Schiedsspruch vom 25. Oktober 1905 ist in Verbindung mit dem ersten, am 22. Juni 1897 erlassenen, der langjährige Streit um die Thronfolge im Fürstentum Lippe endgültig dahin erledigt, daß sämtliche lebende männliche Glieder der Linie Lippe-Biesterfeld für thronfolgeberechtigt nach dem Rechte der Erstgeburt und der agnatischen Linealfolge erklärt sind. Damit sind hoffentlich Ruhe und Frieden dauernd zurückgekehrt sowohl zwischen den streitenden Teilen, als auch im Fürstentum Lippe selbst, und es liegt mir sehr fern, durch diese nachträglichen Bemerkungen zu den beiden Schiedssprüchen neue Unruhe anzuregen. Für Lippe ist die Sache erledigt, aber der Streit und seine Erledigung haben Fragen in Fluß gebracht, die für die anderen und namentlich für die deutschen Bundesstaaten von größter Bedeutung sind, in denen, wie z. B. in Sachsen-Meiningen und Oldenburg, ähnliche Streitigkeiten drohen. Außerdem haben sich Begleiterscheinungen und Mißstände gezeigt, die, auch abgesehen von dem Gegenstande des Streites, das allgemeine Interesse in Anspruch nehmen. Eine eingehende Erschöpfung aller dieser Punkte würde zu weit führen; aber ihre von mir beabsichtigte Heraushebung und kurze Besprechung dürfte für die Juristen, wie namentlich auch für die Laien von Interesse sein, zumal in Verbindung mit der Klarlegung des Streites selbst und des Verhältnisses der beiden Schiedssprüche zu einander, worüber in den öffentlichen Blättern meistens Unklarheit herrschte.

Nach dem im Jahre 1895 erfolgten Tode des Fürsten Woldemar lebte von der sogenannten Detmolder Hauptlinie nur sein Bruder Karl Alexander, der aber geisteskrank und deshalb regierungsunfähig war. Für die dadurch notwendig gewordene Regentschaft und die nach seinem Tode eintretende Thronfolge kamen daher die Seitenlinien nach den

Grundsätzen der Erstgeburt und der Linealfolge, zunächst die Linie Lippe-Biesterfeld, sodann Lippe-Weißenfeld und an letzter Stelle Schaumburg-Lippe in Betracht. Auf Grund eines geheim gehaltenen Dekrets des Fürsten Woldemar übernahm aber nach dessen Tode der Prinz Adolf von Schaumburg-Lippe die Regentschaft. Da das Dekret nicht rechtsbeständig war, wurde ihm zwar durch Lippisches Gesetz die Regentschaft vorläufig belassen, jedoch nur bis zur Erledigung des Thronfolgestreites. Die Linie Schaumburg-Lippe bestritt nämlich sämtlichen Mitgliedern der beiden an sich vorgehenden Linien die für die Thronfolgefähigkeit erforderliche Ebenbürtigkeit. An einem Gerichtshofe zur Entscheidung solcher Thronstreitigkeiten fehlt es in Deutschland völlig; unter Vermittlung des Reichskanzlers wurde aber am 3. Juli 1896 zwischen den Häuptern der drei Nebenlinien des Lippischen Gesamthauses „für sich und die Linien, deren Chefs sie sind“, ein Schiedsvertrag geschlossen, dessen Artikel I wörtlich lautet:

> Die Frage, wer nach Erledigung des zurzeit von Seiner Durchlaucht dem Fürsten Karl Alexander innegehabten Thrones zur Regierungsnachfolge im Fürstentum Lippe berechtigt und berufen ist, soll zur Vermeidung von künftigen Zweifeln und Streitigkeiten schon jetzt durch den Spruch eines Schiedsgerichts entschieden werden.

Nach Artikel II des Vertrages sollte das Schiedsgericht aus Seiner Majestät dem Könige von Sachsen und sechs von Allerhöchstdemselben nach Seiner freien Wahl zu berufenden Mitgliedern des Reichsgerichts bestehen. Im Anschluß an den Vertrag wurde in Lippe das Gesetz, betreffend die Erledigung des Thronstreites vom 17. Oktober 1896 (Gesetz-Sammlung Bd. 14, 1896—1899 S. 67) erlassen, als dessen Anlage der Schiedsvertrag veröffentlicht wurde, und dessen einziger Paragraph folgende Bestimmung enthält:

> Die nach dem anliegenden Schiedsvertrage herbeigeführte Erledigung des Thronstreites ist für die Thronfolge im Fürstentum Lippe maßgebend.

Nach Artikel III waren die Entscheidungen des Schiedsgerichts nach einfacher Mehrheit zu treffen.

Nachdem der König von Sachsen die sechs Mitglieder des Reichsgerichts gewählt und unter diesen mich zum Berichterstatter bestimmt hatte, trat das Schiedsgericht in Dresden zusammen und entschied nach Prüfung der Sache auf Grund der Schriftsätze der Parteien und der mündlichen Schlußverhandlung in wörtlicher Anlehnung an die Fassung der ihm vorgelegten Frage, daß der Graf Ernst zur Lippe-Biesterfeld nach dem Tode des Fürsten Karl Alexander zur Thronfolge im Fürstentum Lippe berechtigt und berufen sei. Nach Artikel V des Schiedsvertrages war dieser Spruch unanfechtbar und für alle Teile verbindlich; er führte daher sofort nach seiner Zustellung zur Niederlegung der Regentschaft durch den Prinzen Adolf von Schaumburg-Lippe und zu deren Übernahme durch den Grafen Ernst zur Lippe-Biesterfeld. Da aber, namentlich in den späteren Jahren, dieser Schiedsspruch von den Anhängern der unterlegenen Linie Schaumburg-Lippe lebhaft angegriffen und besonders der, freilich vergebliche, Versuch gemacht wurde, ihn nach dem Schiedsvertrage und dem Willen des Schiedsgerichts nur für den einen, speziell genannten, Thronfolgefall und nur für die Personen der Kontrahenten als maßgebend hinzustellen, so möchte ich zunächst diese Frage erledigen.

Durch die dem Schiedsgerichte vorgelegte Frage wurde dessen Zuständigkeit begrenzt, über ihre Entscheidung durfte es nicht hinausgehen. Auf den ersten Blick, und aus den übrigen Bestimmungen des Schiedsvertrages losgelöst, konnte sie allerdings Bedenken erregen, und man darf offen aussprechen, daß sie nicht geschickt gefaßt war. Sie bildete aber nur einen Bestandteil des ganzen Vertrages und durfte nur in Verbindung mit dessen übrigem Inhalt ausgelegt und klargestellt werden. Geschieht dies, so zeigt sich sofort ganz deutlich, daß die gestellte Frage eine viel weitergehende Bedeutung hat. Der Schiedsvertrag wurde von den Kontrahenten nicht nur für ihre Person, sondern auch, wie es ausdrücklich heißt, „für die Linien, deren Chefs sie sind," geschlossen; das würde sinnlos sein, wenn nur für den einen Fall der Streit entschieden werden sollte. Die Entscheidung war ja nach Artikel I bestimmt, künftige Zweifel und Streitigkeiten abzuschneiden, und es war undenkbar, daß unter Vermittlung des Reichskanzlers der Apparat eines solchen Schiedsgerichts unter dem Vorsitze des Königs von Sachsen ins Leben gerufen wurde, um beim Ableben eines der Kontrahenten, jedenfalls aber des siegenden, wertlos zu werden und die ganze Thronfolgefrage neu aufzurollen. Das konnte nicht die Absicht sein, und sicher hätte wohl keiner der Schiedsrichter, am allerwenigsten der König von Sachsen, zu einer solchen Spielerei sich hergegeben. Zugleich aber lag ein guter Grund vor, weshalb, wenn man dem Schiedsgericht eine bestimmte

Frage vorlegen wollte, die Fassung leicht unklar werden müßte. Die drei Kontrahenten konnten zwar den Vertrag als Häupter ihrer Linien schließen, es handelte sich um einen Streit der Linien, und die Chefs waren für solchen Streitfall zur Vertretung der Linien und deren sämtlicher Mitglieder befugt. Diese waren die Parteien, für sie war daher nach Artikel V des Vertrages dieser unanfechtbar und verbindlich, nicht bloß für die Häupter. Dagegen konnte und sollte nicht darüber entschieden werden, wer außer dem Chef und den ganz gleichstehenden Personen, also seinen Brüdern, zu den einzelnen Linien infolge ebenbürtiger Abstammung gehöre. Es sollte nicht entschieden werden, weil die Schaumburgische Linie noch aus besonderen Gründen den Abkömmlingen des Chefs der Biesterfelder Linie und seiner Brüder, sowie vielen Weißenfeldern die Zugehörigkeit zu der betreffenden Linie bestritt, und es konnten die Kontrahenten nicht hierüber paktieren, weil zunächst nur innerhalb der einzelnen Linien das nachstehende dem an sich vorgehenden Mitgliede die Ebenbürtigkeit bestreiten und eine Entscheidung darüber herbeiführen konnte, z. B. die Brüder des Chefs der Biesterfelder Linie gegenüber dessen Kindern. Aus dieser Sachlage erklärt sich ohne weiteres, daß die Frage nicht wohl anders gefaßt werden konnte, ohne mit diesen in dem Verfahren nicht zu lösenden Fragen zu kollidieren. Um so weniger aber konnte ein Zweifel über den wahren Inhalt der dem Schiedsgericht vorgelegten Frage entstehen, und ich kann nur bezeugen, daß unter den Schiedsrichtern nicht der leiseste Zweifel hierüber aufgekommen ist. Ich habe als Berichterstatter anfangs wohl daran gedacht, ob es vielleicht besser sei, die Parteien zu einer ausdrücklichen Erläuterung der Aufgabe des Schiedsgerichts zu veranlassen, habe aber um so mehr davon abgesehen, als im Anschluß an den Schiedsvertrag schon vor dem Zusammentritt des Schiedsgerichts das oben erwähnte Gesetz erlassen war. Einerseits war dadurch die Wirkung des Schiedsspruchs noch klarer festgestellt, andererseits war jede nachträgliche Abänderung oder Erläuterung des Schiedsvertrags ausgeschlossen oder doch sehr erschwert. Übrigens wurde auch im ersten Teile der Begründung des Schiedsspruchs ausdrücklich hervorgehoben, daß es sich um einen Streit und eine Entscheidung unter den Linien handele.

In dem Rechtsstreite wurde die Ebenbürtigkeit der ältesten Linie Lippe-Biesterfeld nur deshalb bestritten, weil die Ehe des Grafen Wilhelm Ernst zur Lippe-Biesterfeld mit Modeste von Unruh, aus der sämtliche lebende Mitglieder dieser Linie stammen, unebenbürtig gewesen sei. Das Schiedsgericht gelangte jedoch zu der Überzeugung und sprach in den Gründen des Schiedsspruches aus:

„Als Gesamtresultat ergibt sich, daß Modeste von Unruh aus der altadeligen Familie von Unruh abstammte, daß diese Abstammung nach dem gemeinen Privatfürstenrechte zu ihrer Ebenbürtigkeit genügte, und daß zur Zeit der Eingehung ihrer Ehe ein für die Sukzessionsfähigkeit ihrer Deszendenten hinsichtlich des Fürstentums Lippe maßgebendes strengeres Herkommen nicht bestand. Daraus folgt, da allein auf Grund dieser Ehe die Ebenbürtigkeit des Herrn Grafen Ernst zur Lippe-Biesterfeld bestritten ist, dessen Thronfolgefähigkeit."

Dieser Schiedsspruch wurde von den Anhängern der Schaumburg-Lippischen Ansprüche auf das lebhafteste öffentlich angegriffen und absprechend beurteilt; ich komme hierauf später zurück und bemerke jetzt nur, daß von Schaumburgischer Seite auch die Behauptung aufgestellt wurde, der Graf Ernst zur Lippe-Biesterfeld sei nur für seine Person — und ein weiteres habe auch nicht in der Absicht des Schiedsgerichts gelegen — zur Thronfolge berufen worden, ein anderes Mitglied könne sich daher nicht auf den Spruch und dessen Begründung stützen. Gegen den in Lippe beabsichtigten Erlaß eines Gesetzes zur Regelung der Thronfolge wurde von Schaumburg-Lippe protestiert und der Bundesrat angerufen, auf dessen Ersuchen der Gesetzentwurf von der Lippischen Regierung zurückgezogen wurde.

Am 26. September 1904 starb der Regent Graf Ernst und an seine Stelle trat als Regent sein Sohn, der Graf Leopold. Damit wurde, da über dessen Thronfolgerecht im Schiedsspruche nicht direkt entschieden war, die Frage, wer zur Regierungsnachfolge berufen sei, aufs neue angeregt, und es kam zu einem neuen Schiedsvertrage vom 5./8. November 1904, aber nur zwischen dem Fürsten von Schaumburg-Lippe und dem Grafen Leopold zur Lippe-Biesterfeld, nach dessen Artikel II das Schiedsgericht aus den vereinigten 4. und 6. Zivilsenaten des Reichsgerichts bestehen, und die von dem Schiedsgericht zu entscheidende Frage lauten sollte:

„... ob und in welcher Reihenfolge die zur Zeit des Abschlusses dieses Vertrages und zur Zeit des Abschlusses der Verhandlungen vor dem Gerichtshofe lebenden Nachkommen und der Linie Biesterfeld angehörigen Seitenverwandten des Graf-Regenten Ernst zur Lippe-Biesterfeld nach dem Ableben des regierenden Fürsten Alexander zur Regierungsnachfolge in dem Fürstentume Lippe berechtigt und berufen sind."

Der Bundesrat erklärte sich einverstanden, veranlaßte die Übertragung des schiedsgerichtlichen Verfahrens an das Reichsgericht und beschloß, falls der Schiedsspruch zugunsten aller oder einzelner Mitglieder der Biesterfelder Linie ausfallen sollte, die Thronfolge im Fürstentum Lippe für endgültig geregelt zu erachten und gegen die berufenen Mitglieder der Biesterfelder Linie aus in der Vergangenheit liegenden Umständen keine Einwendungen mehr zuzulassen. Nach Bestellung des Schiedsgerichts starb am 13. Januar 1905 der — geisteskranke — Fürst Karl Alexander. Der Graf Leopold zur Lippe-Biesterfeld blieb als Regent an der Regierung, und durch Lippisches Hausgesetz vom 14. April 1905 wurde der jetzt zu erwartende Schiedsspruch als maßgebend für die Thronfolge erklärt.

Die für die Prüfung des Schiedsgerichts in Betracht kommenden sämtlichen Mitglieder der Linie Lippe-Biesterfeld waren außer dem Regenten Grafen Leopold seine beiden Söhne, seine beiden zurzeit unvermählten Brüder, sowie seines verstorbenen Vaters, des Grafen Ernst, drei Brüder und deren Söhne.

Das zweite Schiedsgericht hat nun in seiner Sitzung vom 25. Oktober 1905 die ihm vorgelegte Frage dahin entschieden, daß die oben genannten Nachkommen und Seitenverwandten des Graf-Regenten Ernst sämtlich nach dem Rechte der Erstgeburt und der agnatischen Linealfolge zur Regierungsnachfolge im Fürstentum — in der danach zusammengestellten Reihenfolge — berechtigt und berufen seien.

In seiner Begründung legt dieser Schiedsspruch zunächst unter Ablehnung der Schaumburg-Lippischen Auffassung und in völliger Übereinstimmung mit dem von mir oben Ausgeführten den ersten Schiedsvertrag dahin aus, daß es sich um einen Streit zwischen den drei durch ihre Chefs vertretenen Linien gehandelt habe, und daß nach den Willenserklärungen der Kontrahenten zweifellos eine für die sämtlichen Mitglieder der Linien rechtsverbindliche Entscheidung gewollt, auch nicht daran zu denken sei, daß das erste Schiedsgericht selbst eine andere Auffassung gehabt oder sonst eine Einschränkung des Spruches beabsichtigt habe. Ebenso heben die Gründe hervor, daß jedenfalls durch das oben genannte

Lippische Gesetz vom 17. Oktober 1896, es solle der Schiedsspruch für die Thronfolge in Lippe maßgebend sein, die rechtliche Anerkennung im Fürstentum Lippe sichergestellt sei, und folgern aus allem die Bedeutung des ersten Schiedsspruchs, daß gegenüber den Angehörigen der Linie Lippe-Biesterfeld auf den Einwand, die Ehe mit Modeste von Unruh sei nicht ebenbürtig gewesen, und es ermangele daher die aus ihr hervorgegangene Nachkommenschaft der Thronfolgefähigkeit, nicht mehr eingegangen werden dürfe. Vielmehr sei durch den ersten Schiedsspruch nicht nur die Thronfolgefähigkeit des Grafen Ernst, sondern auch seiner Brüder endgültig festgestellt.

Sodann wird in den Gründen die wegen der bürgerlichen Abkunft der Mutter der Frau angefochtene Ebenbürtigkeit der Ehe des Graf-Regenten Ernst mit der Gräfin Caroline v. Wartensleben — die als ein Streit innerhalb der Linie Lippe-Biesterfeld von dem ersten Schiedsgericht nicht hatte entschieden werden können — geprüft. Dabei nimmt das zweite Schiedsgericht eine selbständige Untersuchung und Feststellung der im Gesamthause Lippe geltenden Grundsätze vor und kommt auch hier zu genau demselben Ergebnis, wie das erste, indem es annimmt, daß nach gemeinem Deutschen Privatfürstenrechte niederer Adel der Frau genüge und im Hause Lippe weder durch Gesetz noch durch Herkommen abweichende Grundsätze sich gebildet haben; sogenannter Stiftsadel oder Ahnenadel seien nicht erforderlich, und, ob Abstammung von altem Adel, bedürfe keiner Entscheidung, da der Adel der Grafen von Wartensleben uralt, daher die Gemahlin des Graf-Regenten Ernst ebenbürtig gewesen sei. In gleicher Weise werden dann auch die Ehen der Brüder des Graf-Regenten Ernst als ebenbürtige angesehen, wobei nur für die Ehe des Grafen Rudolf mit Luise Prinzessin von Ardeck noch besondere, hier nicht interessierende Gründe beigefügt sind.

So rein objektiv und kurz die historische Entwicklung und Erledigung des Lippischen Thronstreites. Dabei zeigen sich aber eine Anzahl von Fragen und Erscheinungen, die großenteils darin nur ihren Anlaß finden, aber von allgemeinem Interesse für alle deutschen Staaten sind. Soweit es Rechtsfragen sind, sollen sie von mir nicht einer eingehenden wissenschaftlichen Untersuchung und Begründung meiner Ansicht unterzogen werden. Das würde viel zu weit führen; es liegt mir hier nur daran, die Punkte hervorzuheben und die Aufmerksamkeit auf sie zu lenken, meiner Beurteilung aber nur ganz kurze, auch für den Laien leicht verständliche Gründe hinzuzufügen.

1. Wie wir oben sahen, hat das zweite Schiedsgericht die für die späteren Ehen im Lippischen Hause geltenden Ebenbürtigkeitsgrundsätze selbständig geprüft und danach über diese Ehen entschieden. Das war gewiß zulässig und kann für die Mitglieder der Linie Lippe-Biesterfeld und die des früheren Schiedsgerichts an sich nur erfreulich sein; denn die völlige Übereinstimmung dieses aus 15 Mitgliedern des Reichsgerichts gebildeten Gerichtshofes mit der Ansicht des ersten Schiedsgerichts wird sowohl im Lande Lippe als auch in ganz Deutschland die Überzeugung von der Richtigkeit dieser Entscheidung unerschütterlich machen. Eine andere Frage ist aber, ob nicht dadurch das Schiedsgericht seinem Spruche, der sich im Wortlaut nur auf die lebenden Mitglieder der Linie bezieht, eine Schranke gezogen hat; große Bedeutung lege ich dem allerdings nicht bei, da anscheinend bereits ein Lippischer Gesetzentwurf in Vorbereitung ist, durch den für die Zukunft im Gesamthause die Ebenbürtigkeitsgrundsätze festgelegt werden sollen.

Wäre das zweite Schiedsgericht bei seiner Prüfung auf diesem Wege zu einem anderen Ergebnis gelangt, hätte es z. B. hohen Adel der Frau für eine ebenbürtige Ehe im Hause Lippe für nötig erachtet, so würde dies vielleicht dazu geführt haben, die Ehe der dem niederen Adel angehörigen Gräfin von Wartensleben für unebenbürtig zu erklären. Für diesen Fall aber standen noch zwei andere Gründe zur Verfügung, von denen nach meiner Ansicht jeder für sich allein genügt haben würde. Der eine beruht auf dem ersten Schiedsvertrage, der zweite auf dem Lippischen Gesetze vom 17. Oktober 1896.

Der erste Schiedsvertrag, der auch nach der Annahme des zweiten Schiedsgerichts für alle Agnaten verbindlich war, läßt sehr wohl eine weitere Auslegung zu. Durch ihn sollten künftige Zweifel und Streitigkeiten beseitigt werden, nicht noch, wie beide Schiedsgerichte angenommen haben, die Entscheidung auf die Person des zunächst berufenen Thronfolgers beschränkt sein. Sollte aber dieser Zweck wirklich erreicht werden, so mußte die erste Voraussetzung, die endgültige Feststellung der in Lippe für die Thronfolge maßgebenden Grundsätze gewollt sein; sonst wäre ja tatsächlich doch die Entscheidung, wie der jetzige Fall zeigt, auf den einen Fall beschränkt geblieben. Die Fassung der Frage ist nicht maßgebend. Die Grundsätze der Zivilprozeßordnung über die Rechtskraft der Entscheidungsgründe finden hier, wo es sich nicht um bürgerliche Rechtsstreitigkeiten handelt, keine Anwendung; spricht man auch, im Anschluß an die früheren Rechtszustände, von Privatfürstenrecht, so ist doch der Thronfolgestreit jetzt unzweifelhaft ein Gegenstand des öffentlichen Rechts. Es kann sich immer nur darum handeln, wie der Schiedsvertrag auszulegen ist, und was danach die Kontrahenten zur Entscheidung des Schiedsgerichts haben bringen wollen. Das wird verbindlich festgestellt, wo und wie es Ausdruck gefunden haben mag. Zwar nicht in der Formel, wohl aber in einem der letzten Absätze des Schiedsspruches wird die anscheinend vom zweiten Schiedsgerichte vermißte Feststellung in dem oben (S. 7) wörtlich angeführten „Gesamtresultat" meines Erachtens genügend ausgesprochen. Für diese weitergehende Auslegung spricht, wie ich meine, daß sonst das unleidliche Ergebnis eintreten könnte, daß die einzelnen Fälle mit verschiedenem Maße gemessen, von ganz gleichliegenden Ehen die eine als ebenbürtig, die andere entgegengesetzt angesehen würde. Ich verkenne aber selbstverständlich nicht, daß man auch Bedenken gegen eine so weitgehende Auslegung haben kann; das zweite Schiedsgericht hat sich nicht darüber ausgesprochen.

Der ferner mögliche zweite Grund beruht auf dem Lippischen Gesetze vom 17. Oktober 1896 und ist für alle deutschen Staaten von erheblicher Bedeutung. Daß er auch hervorragend praktisch ist, folgt ohne weiteres daraus, daß zurzeit in zwei Staaten, Sachsen-Meiningen und Oldenburg, Zweifel oder Streitigkeiten über die Thronfolge durch Staatsgesetze ohne Zustimmung von Agnaten entschieden worden sind. Ist das Landesgesetz — also hier das Lippische, das die Erledigung des ersten Schiedsspruches als maßgebend für die Thronfolge erklärte — verbindlich für die nicht zustimmenden Agnaten? Ist es das, und legt man seinen Inhalt entsprechend aus, so rechtfertigt es schon für sich allein die Anwendung der im ersten Schiedsspruche festgestellten Ebenbürtigkeitsgrundsätze auf die späteren Ehen ohne Nachprüfung ihrer Richtigkeit. Das zweite Schiedsgericht, das sich ja auf einen anderen Grund stützt, hat sich auch über diese Frage nicht ausgesprochen, und trotz ihrer großen praktischen Bedeutung ist sie, wie ja leider so manche Rechtsfrage, nicht ohne Streit.

Im früheren Deutschen Reiche hatten der Kaiser und namentlich die Reichsgerichte eine gewisse Zuständigkeit für derartige Streitigkeiten, aber praktisch — wenigstens wenn es sich um größere Staaten handelte —

kam es auch zu sogenannten Erbfolgekriegen, unter denen Deutschland genug gelitten hat; im jetzigen kommt es zwar hoffentlich nicht mehr zu diesen, aber es fehlt an jedem Gerichtshofe für Thronstreitigkeiten in der Reichsverfassung. Daß dies richtig ist, und welche Schwierigkeiten daraus entstehen, zeigt recht klar der Lippische Streit. Mit Mühe und Not hat man zweimal einen Schiedsvertrag zustande gebracht. Der Artikel 76 Abs. 1 der deutschen Reichsverfassung sagt zwar:

„Streitigkeiten zwischen verschiedenen Bundesstaaten, sofern dieselben nicht privatrechtlicher Natur und daher von den kompetenten Gerichtsbehörden zu entscheiden sind, werden auf Anrufen des einen Teils vom Bundesrate erledigt"

und in Wirklichkeit hat auch, als nach dem ersten Schiedsspruche die Lippische Regierung den Erlaß eines Thronfolgegesetzes beabsichtigte und die Schaumburg-Lippische Regierung dagegen protestierte und den Bundesrat anrief, dieser zwar auf Grund des zitierten Artikels 76 Abs. 1 sich für zuständig erklärt, aber sich anscheinend doch gescheut, eine sachliche Entscheidung abzugeben, vielmehr sich um den Abschluß des zweiten Schiedsvertrages bemüht. Formell kann man diese Zuständigkeitserklärung für zulässig erachten, weil ja formell der Bundesstaat durch seine Regierung protestiert und den Bundesrat angerufen hatte; aber dessen Entscheidung hätte, wenn sie erfolgt wäre, korrekt die Anträge der Schaumburgischen Regierung deshalb ohne weiteres zurückweisen müssen, weil die Thronfolge im Fürstentum Lippe den Bundesstaat Schaumburg-Lippe nicht im geringsten anging, dieser also zu einem Einspruch gegen das Lippische Gesetz nicht legitimiert war. Beteiligt bei dem Thronfolgestreit war nicht der Staat, sondern nur der Fürst Georg und seine Linie persönlich, und nicht als Fürst von Schaumburg-Lippe, sondern nur als Agnat der im Fürstentum Lippe herrschenden Familie. Das ist sonnenklar und unstreitig, praktisch zeigt es sich recht drastisch darin, daß der Bundesstaat Schaumburg-Lippe keinen der beiden Schiedsverträge mit abgeschlossen hat, sondern nur der Fürst Georg, und daß daher dieser allein auch die für ihn sehr erheblichen Kosten der Durchführung des Streites getragen hat; ebenso darin, daß, wenn der Lippische Agnat Georg nicht zufällig regierender Fürst von Schaumburg-Lippe wäre, für diesen Bundesstaat auch jeder äußere Anlaß zu seinem Vorgehen fehlen würde.

Übrigens tritt diese konkrete Bedeutung der Frage für Lippe ganz zurück gegenüber der für die deutschen Staaten überhaupt; denn meistens wird die Sache so liegen, daß nicht der Fürst oder ein Mitglied der regierenden Familie eines anderen Bundesstaates bei dem Thronfolgestreit beteiligt ist, sondern innerhalb der fürstlichen Familie selbst oder unter ihren nicht regierenden Nebenlinien solcher Streit entbrennt. Hier versagt der Artikel 76 Abs. 1 zweifellos, und auch der Abs. 2 trifft nicht zu, der im Falle von Verfassungsstreitigkeiten — die nur zwischen dem Herrscher und dem Landtage denkbar sind — eine Zuständigkeit gewährt. Für die große Mehrzahl der Thronstreitigkeiten fehlt es daher im Deutschen Reiche an einem für die Entscheiduug zuständigen Organ. Vielleicht finden sich in der Verfassung des betreffenden Einzelstaates Normen über die Thronfolgefähigkeit und Thronfolgeordnung oder die Bestimmung eines Gerichtshofes für solche Streitigkeiten. Dann geht es natürlich danach, und eine Änderung durch neues Gesetz wird an die regelmäßig erschwerenden Vorschriften über Verfassungsänderungen gebunden sein. Enthält aber die Verfassung nichts darüber, so kann nur die Landesgesetzgebung den Streit entscheiden, und es liegt nahe, ihre Zustimmung auch zu einem von den streitenden Teilen geschlossenen Schiedsvertrage zu fordern. Es handelt sich hier nicht um Privatrechte; wenn man noch immer den Ausdruck „Privatfürstenrecht" gebraucht, so ist das für den modernen Verfassungsstaat leicht irreführend. Gewiß können aus dem Agnationsverhältnisse zum Fürstenhause auch Privatrechte, namentlich vermögensrechtlicher Natur, sich ergeben, und diese gehören, wenn keine anderen Vorschriften bestehen, vor die ordentlichen Gerichte. Dazu gehören aber Thronfolgerechte und deren Zubehör nicht. Der Staat hat das Recht und damit auch die Pflicht, die für das Staatswohl erforderlichen Maßnahmen zu treffen, namentlich auch für Ruhe und Sicherheit im Staate zu sorgen; er kann daher, wenigstens wenn Streitigkeiten über die Thronfolge entstehen, diese weder fortgären, noch unentschieden lassen, sondern muß für eine endgültige Erledigung und damit für eine Sicherung der Staatsregierung sorgen; das kann er regelmäßig nur durch die Gesetzgebung, jeder andere Weg fehlt, wenn nicht Schiedsverträge wirksam zustande kommen. Es wird zwar auch die Ansicht vertreten, der Staat sei nicht berechtigt, Thronfolgestreite allein durch Gesetz rechtswirksam zu erledigen; wäre das aber richtig, so würde nur übrig bleiben, den Bürgerkrieg zuzulassen. Denn wie, mit welchem Recht und mit welchen Mitteln, man die Streitenden zwingen will, einen Schiedsvertrag zu schließen, und mit welchem Inhalt, ist mir nicht verständlich.

Ich habe mit diesen Bemerkungen diese sehr praktische Frage nicht eingehend erörtern, sondern nur auf aus der Natur der Sache sich ergebende Gründe für die Notwendigkeit und damit Berechtigung der Entscheidung durch Landesgesetz hinweisen wollen. Ich schließe, für den Fall, daß man auch hier eine Art Zuständigkeit des Bundesrates, etwa auch aus der Notwendigkeit eines Organs, befürworten wollte, mit einem sogenannten argumentum ad hominem. Sollte wohl, wenn in einem größeren Bundesstaate, z. B. in Bayern, ein solcher Thronfolgestreit entstände, und Bayern ihn durch Landesgesetz erledigen wollte, der Bundesrat wagen, Einspruch dagegen zu erheben und die Sache selbst erledigen zu wollen? Ich meine, es würde nicht zweifelhaft sein, daß, wenn es doch geschähe, ein allgemeiner Schrei der Entrüstung darüber als über eine Anmaßung des Bundesrates in Bayern ausbrechen, und Bayern die Einmischung völlig unbeachtet lassen würde.

2. Waren überhaupt, wenigstens zurzeit, ein zweiter Schiedsvertrag und Schiedsspruch nötig? Meines Erachtens nicht, wenn man von dem aussichtslosen Versuche der Linie Schaumburg-Lippe absieht, geltend zu machen, daß nach dem Schiedsvertrage oder der Absicht des ersten Schiedsgerichts dessen Spruch nur für die Person des Grafen Ernst Bedeutung haben sollte. Denn dann wurde durch den Schiedsspruch für das ganze Lippische Haus rechtsverbindlich festgestellt, daß der Graf Ernst und — wie auch der zweite Schiedsspruch als selbstverständlich angenommen hat — dessen aus denselben Ehen stammende, daher in ganz gleicher Lage befindliche sämtliche Brüder thronfolgeberechtigt sind. Die Schaumburgische Linie konnte also frühestens nach dem Wegfallen dieser sämtlichen Angehörigen der ihr vorgehenden Linie zur Thronfolge in Lippe gelangen, einerlei ob die Kinder des Grafen Ernst ebenbürtig sind oder nicht, und ob seine Brüder den Kindern das Thronfolgerecht bestritten oder nicht. Das waren innere Fragen der Linie Lippe-Biesterfeld, in diese konnte die Linie Schaumburg-Lippe sich nicht einmischen, erst nach dem Wegfallen aller Brüder konnte sie geltend machen, daß die ihr vorgehende Linie ausgestorben sei. Und auch das wäre voraussichtlich für weitere Zeit ausgeschlossen gewesen, da die Ehe des dritten Bruders mit einer Dame des hohen Adels zweifellos ebenbürtig ist und aus ihr schon ein noch lebender Sohn hervorgegangen ist.

Es konnten also die Angriffe nur darauf gestützt werden, daß der erste Schiedsvertrag und der Schiedsspruch nur auf die Person des

Grafen Ernst beschränkt worden seien. Dieser Angriff war aber völlig aussichtslos. Ich habe schon oben dargelegt, daß im ersten Schiedsgericht niemand an eine solche Beschränkung gedacht oder das leiseste Bedenken geäußert hat, ob nicht vielleicht jemand diese Ansicht aufstellen könnte. Mir ist eine solche Auslegung noch heute unverständlich. Weshalb war denn der Schiedsvertrag ausdrücklich für jede der drei Linien abgeschlossen, wenn diese in Wirklichkeit gar nicht dabei beteiligt sein sollten? Dann ging der Schiedsvertrag sie nichts an. Das zweite Schiedsgericht hat auch diesen Angriff unbedenklich zurückgewiesen. Aber erhoben war er, und damit ein neuer Streit gegeben, für dessen Entscheidung ein Organ geschaffen werden mußte.

Daß das neue Schiedsgericht dann mit der weiteren Aufgabe betraut wurde, über die Thronfolgeberechtigung sämtlicher Mitglieder der Linie Lippe-Biesterfeld zu entscheiden, war gewiß zweckmäßig; denn nur dadurch konnten, da über die Ebenbürtigkeit der Ehen, namentlich auch der des Grafen Ernst mit der Gräfin von Wartensleben, formell noch nicht entschieden war, alle Streitpunkte auch für die Zukunft sicher beseitigt werden. Dennoch muß man sich wundern, daß die Mitglieder der Linie Lippe-Biesterfeld auf diese Fassung sich eingelassen haben; man kann es sich nur daraus erklären, daß sie von ihrem Rechte felsenfest überzeugt waren, und ihnen sogar daran lag, möglichst eine nochmalige Prüfung ihres Rechts herbeizuführen, um dadurch für ihre Herrschaft und für die Anerkennung ihres Rechts eine neue Grundlage zu gewinnen. Das haben sie ja auch erreicht. — Jedenfalls hätten sie verlangen können, daß die Linie Schaumburg-Lippe als angreifende Partei zunächst dem Schiedsgerichte ihre Legitimation, also ihr Thronfolgerecht im Fürstentum Lippe nachwiese. Denn wenn sie selbst kein Recht auf die Thronfolge hatte, ging diese sie nichts an. War aber wirklich im Hause Lippe hoher oder doch titulierter Adel der Frau für die Ebenbürtigkeit nötig, so war, wie auch beide Schiedssprüche eingehend ausführen, in ihrem eigenen Hause eine sehr bedenkliche Ehe mit einem Fräulein von Friesenhausen von niederem landsässigen Adel. Der Fürst von Schaumburg berief sich zwar in den Streitigkeiten darauf, daß er als souveräner Fürst nach Artikel 14 der Bundesakte von 1814 unbedingt sukzessionsberechtigt sei; aber das wird ganz überwiegend mit Recht verneint, da es nicht darauf ankommt, ob er anderen Fürstenfamilien ebenbürtig, sondern ob er Lippischer Agnat ist, und da er und alle Mitglieder der Linie Schaumburg-Lippe aus jener Friesenhausenschen Ehe stammen, würden durch die Unebenbürtigkeit dieser Ehe ihre Vorfahren schon seit mehr als 150 Jahren aufgehört haben, Lippische Agnaten zu sein.

3. Eine eigentümliche Erscheinung bildete in beiden schiedsgerichtlichen Verfahren die Flut von Rechtsgutachten, die hauptsächlich von der Schaumburgischen Seite, dadurch veranlaßt aber in allerdings erheblich geringerem Umfange, auch von den anderen Parteien eingereicht worden sind. Werden in einem Zivilprozesse, in dem es sich, wie z. B. in Patentstreitigkeiten, um technische, dem Juristen fernliegende Fragen handelt, dem Prozeßgerichte Gutachten über diese eingereicht, so ist das erklärlich, obgleich der Prozeßrichter nicht die geringste Verpflichtung hat, über diese Gutachten sich auszusprechen oder sie auch nur zu lesen, sondern zu seiner Belehrung über Maschinen und dergleichen, soweit er ihrer zu bedürfen glaubt, Sachverständige nach eigenem Ermessen aussucht. Aus demselben Grunde mag es sich empfehlen, einem aus Nichtjuristen bestehenden Schiedsgerichte über die dabei vorkommenden Rechtsfragen Rechtsgutachten einzureichen, obgleich auch hier das schwere Bedenken besteht, daß diese in der Regel nur einseitige Parteischriften zugunsten der einreichenden Partei sind. Wird aber dem juristischen Prozeßrichter ein Rechtsgutachten nach einheimischem Recht über den streitigen Fall aufgedrungen, und geschieht dies sogar dem höchsten deutschen Gerichte gegenüber, so liegt darin ein direkter Vorwurf der Unwissenheit, den man fast geneigt sein könnte als Beleidigung anzusehen, wenn man nicht an der Absicht zu beleidigen zweifeln müßte. Ob nun dieselben Richter als Staatsrichter oder Schiedsrichter urteilen, macht selbstverständlich für ihre Kenntnisse und ihr Urteilsvermögen keinen Unterschied, und ebenso war der in unserem ersten Schiedsgerichte den Vorsitz führende König Albert von Sachsen, der einzige Nichtjurist, gerade in Angelegenheiten der fürstlichen Familien und der Thronfolge gewiß nicht unerfahren, ganz abgesehen davon, daß mit ihm sechs alte erfahrene Mitglieder des Reichsgerichts, der Präsident, zwei Senatspräsidenten und drei Räte, das Schiedsgericht bildeten. Das zweite Schiedsgericht bestand sogar nur aus Mitgliedern des Reichsgerichts und zwar fünfzehn, denen in unserer vollständigen Bibliothek die gesamte Literatur und Rechtsprechung über die in Betracht kommenden, ihnen an sich vielleicht fernerliegenden staatsrechtlichen Fragen vorlag.

Sollte nicht die Ansicht, die eine solche Zahl praktischer Richter durch eigene Prüfung und Beratung sich bildet, eine größere Gewähr der Richtigkeit bieten, als im Interesse der Partei geschriebene Gutachten einzelner, zum Teil fast unbekannter, meistens als Richter nie tätig gewesener Juristen? Es versteht sich ja von selbst, daß die Partei nur die Gutachten ausarbeiten läßt und einreicht, die zu ihren Gunsten lauten. Die Gegenpartei reicht dann ein Gegengutachten ein und darauf wird wieder geantwortet; in der Regel haben also alle diese Gutachten nur den Charakter von Parteischriften. Ein insoweit fast komisch wirkendes Beispiel möchte ich herausgreifen. Während der Schaumburgischen Linie ihr Bestreiten der Ebenbürtigkeit der ganzen Linie Lippe-Biesterfeld, namentlich auch des Grafen Ernst im ersten und auch im zweiten schiedsgerichtlichen Verfahren in allen von ihr dafür eingereichten Einzelgutachten als voll berechtigt bestätigt wurde, hatte der Graf-Regent Ernst im Jahre 1898 nach dem ersten Schiedsspruche die juristische Fakultät der Universität Leipzig um ein Gutachten über das Recht seiner Söhne auf die Thronfolge im Fürstentum Lippe ersucht, das ebenfalls dem zweiten Schiedsgerichte vorlag. Es spricht nach eingehender Begründung am Schlusse als einmütige Überzeugung der gesamten Fakultät aus, daß jede Anfechtung des Thronfolgerechts der Kinder des Grafen Ernst aus vier näher formulierten, miteinander konkurrierenden Gründen zu verwerfen sei, von denen jeder für sich allein stark genug sei, die Verwerfung zu tragen. Stärker können die Gegensätze der Gutachten der Parteien wohl nicht sein.

Die Gutachten konnten daher der Schaumburgischen Partei nichts nutzen, eher schaden, da sie zugleich eine Masse, zum Teil wesentlichen, größtenteils für die Entscheidung ganz unwesentlichen tatsächlichen Materials und genealogischen Ausführungen vermischt mit Urkunden enthielten, wodurch die Sichtung und klare Übersicht aufs äußerste gefährdet wurde. Wie umfangreich dieses Material sich gestaltete, und wie groß die Schwierigkeiten waren, wird erklärlich sein, wenn ich bemerke, daß ein dem ersten Schiedsgerichte eingereichtes Gutachten aus zwei Bänden in Großquartformat besteht, von denen einer über 300, der andere fast 180 Druckseiten enthält. Wie ausgedehnt daneben die von Schaumburg-Lippe angestellten Nachforschungen nach ihr günstigem Material waren, zeigt schon das eine Beispiel, daß ein für diese Partei wesentlich tätiger Dr. K. v. St. — wie ich meine, zurzeit Schaumburg-

Lippischer Kammerherr —, der allein über die Abstammung der vielgenannten Modeste von Unruh mehrere dem ersten Schiedsgerichte vorgelegte umfangreiche Gutachten geliefert hat, in einem von diesen selbst angibt, er habe über 7000 Briefe an Pfarreien usw. in den für die Familie von Unruh hauptsächlich in Betracht kommenden Provinzen, Schlesien usw. geschrieben und darin sogar einen Preis für die Auffindung des Taufscheins des Vaters der Modeste, des preußischen Generals von Unruh zugesagt, aber ohne Erfolg. Man wollte dadurch das Schiedsgericht zu der Überzeugung bringen, daß dieser Vater gar nicht in ehelicher Abkunft zur adeligen Familie von Unruh gehört habe; das Schiedsgericht legte aber auf das Fehlen des Taufscheins kein großes Gewicht, sondern folgerte die Zugehörigkeit aus anderen Gründen. Einige Zeit nach dem Schiedsspruche wurde dann doch der Taufschein aufgefunden, ein neuer Beweis dafür, wie schwierig es nach so langer Zeit — über 150 Jahre — ist, durch Geburtsurkunden nachzuweisen, daß jemand überhaupt geboren war.

Daß endlich — ganz abgesehen von den enormen Kosten für die Partei — durch diese Art von Gutachten und die Anhäufung unerheblichen Materials den Schiedsgerichten eine besonders große Arbeitslast aufgebürdet wurde, namentlich dem ersten, liegt auf der Hand. Ich habe als Berichterstatter, der ja das Material zunächst zusammenzustellen und besonders eingehend zu prüfen hatte, eine ganze Reihe von Monaten dazu gebraucht.

4. Diese neben der schon ohnehin bestehenden Arbeitslast des Reichsgerichts gewiß nicht gering anzuschlagende Tätigkeit haben die vom Könige von Sachsen ausgewählten Mitglieder des Reichsgerichts, ohne dazu verpflichtet zu sein, gern und uneigennützig — es wurde selbstverständlich dafür keine Vergütung gezahlt — übernommen, um im Interesse des ganzen Reiches eine angemessene Erledigung des Thronfolgestreites zu ermöglichen. Vor allen Dingen aber ist zu bewundern, daß Seine Majestät der hochselige König Albert von Sachsen sich entschloß, den Vorsitz im ersten Schiedsgericht zu übernehmen und damit aufs neue zu zeigen, welche Opfer dem allgemeinen Wohle zu bringen er stets bereit war. Nicht nur übernahm er damit eine für ihn ungewohnte und in seinem Alter besonders angreifende Arbeitslast, sondern er trug auch kein Bedenken, einer bis dahin noch nicht dagewesenen Bestimmung des Schiedsvertrages sich zu unterwerfen. Denn er hatte

nicht — was viele, die diesen nicht kannten, gemeint haben werden — allein zu entscheiden, so daß die Mitglieder des Reichsgerichts nur den Beirat bildeten, sondern das ganze Schiedsgericht entschied nach Stimmenmehrheit, so daß seine Stimme keine größere Kraft hatte, als die jedes anderen Mitgliedes.

Das Schiedsgericht erwartete keinen Dank für seine Arbeit; es hatte selbstverständlich auch nichts gegen eine würdige sachliche Kritik seines Spruches einzuwenden, aber dieser wurde von Anhängern der Schaumburgischen Ansprüche als eine unerhörte, ja, wie allgemein bekannt, absichtliche Verletzung dieser Ansprüche nicht so sehr kritisiert, als vielmehr beschimpft, öffentlich wie auch privatim. Ich habe die einzelnen Angriffe nicht gesammelt und würde sie auch nicht wiederholen; ich will nur, um meine Behauptung nicht ganz beweislos scheinen zu lassen, zwei im Drucke bekannt gewordene Beispiele anführen. In der mir vorliegenden, von einem — mir sonst völlig unbekannten — Dr. Pinsker unter dem Titel „Der Lippische Schiedsspruch" veröffentlichten Schrift findet sich folgende Blumenlese, wenn man es so bezeichnen darf:

„... man kann das Gefühl nicht los werden, daß die Schiedsrichter Lunte gerochen und das Platzen einer Bombe gefürchtet hätten ..."

„... so bleibt nur die Annahme übrig, man habe das Gesetz nicht anwenden wollen ..."

„... und diesmal sind den Richtern die gesetzlichen Bestimmungen ganz klar und bestimmt vorgelegen, wurden aber nicht beachtet."

„... Warum haben sie die Gründe nicht angegeben? Vielleicht Gründe, die Leute ins Irrenhaus zu stecken, aber keine Vernunft- und Rechtsgründe, um die es sich doch handelt."

„Es ist begreiflich, warum dieser Umstand keine Würdigung gefunden; denn daraus hätte sich das Abweichen des Schiedsspruches von der bisherigen Regel am klarsten ergeben."

„... ist in einer so einseitigen Weise verfaßt, daß der historischen Wahrheit dadurch zweifellos Abbruch geschehen ist."

„Die Tatsachen sprechen hier so klar, daß die Voreingenommenheit der Schiedsrichter offen zutage tritt."

„... wurden so einseitig, daß die Absicht, die geschichtliche Wahrheit herabzudrücken, klar hervortritt."

„Warum wurde also der Erledigung dieser Fragen ausgewichen? Offenbar nur deshalb, um die hochadelige Observenz des Hauses unerledigt zu lassen."

„... Dies alles verschweigen die Herren Schiedsrichter."

„Es sind Königen oft schwere Pflichten auferlegt, in deren Erfüllung sie um die Kronen nicht beneidet werden, die ihre Stirn drücken. Ein so schwerer Moment mag es für den König von Sachsen gewesen sein, als er seine Unterschrift unter den Schiedsspruch setzte; denn in diesem wird vieles zu Boden gedrückt, was durch Jahrhunderte den Ruhm und die Zierde der Throne bildete."

Ich bin überzeugt, daß diese Schrift von der Partei weder veranlaßt noch gebilligt ist; es liegt viel näher, daß der Verfasser sich durch sie der Partei, die so viele Gutachten und sonstige Hilfe verbrauchte, für die noch in Aussicht stehenden weiteren Streitigkeiten als energischen Vorkämpfer empfehlen wollte. Ich habe sie nur als ein Beispiel angeführt, wie durch Angriffe auf den Schiedsspruch die Schildträger der Partei immer mehr in ihren irrigen Ansichten bestärkt und somit stets erbitterter wurden. Nur so ist es erklärlich, daß auch in der Umgebung des Fürsten von Schaumburg, der persönlich nichts davon erfahren haben wird, sich derartige Anschauungen bilden konnten, ohne daß man sich wohl darüber klar wurde, wie ungerecht und verwerflich es sei, ohne jede tatsächliche Grundlage die Unparteilichkeit und Gewissenhaftigkeit des Schiedsgerichts anzuzweifeln und damit einen der sichersten Grundpfeiler der Staaten zu untergraben. Ein solcher Herr wenigstens sprach — ohne sich anscheinend der Schwere seiner Vorwürfe bewußt zu sein — kurz nach dem ersten Schiedsspruche mir gegenüber mündlich als seine Ansicht aus, daß der König von Sachsen eine vorgefaßte Meinung zugunsten der Biesterfelder gehabt und die übrigen Mitglieder des Gerichts zu seiner Anschauung überredet habe, und verteidigte sich, als ich ihm entrüstet weitere derartige Äußerungen verbot und ihn sachlich berichtigte, damit, daß dies in Bückeburg allgemein angenommen werde. Ich habe damals über diesen Vorfall Stillschweigen beobachtet, weil es mir am richtigsten schien, über solche Dinge nichts in die Öffentlichkeit dringen zu lassen, und würde es auch jetzt verschweigen, wenn nicht leider durch groben Mißbrauch des Adressaten vor kurzem in vielen Zeitungen zwei aus dem Fürstlich Schaumburgischen Hofmarschallamte an irgend eine Privatperson gerichtete Briefe aus den Jahren 1898 und 1899 veröffentlicht worden wären, die ganz ähnliche schwere Vorwürfe gegen den verstorbenen König Albert und die übrigen Mitglieder des Schiedsgerichts, namentlich auch gegen mich persönlich als Verfasser des Schiedsspruches enthielten, der darin z. B. als ein fabelhaftes Machwerk bezeichnet wird, das eine Schande für die deutsche Juristenwelt sei. Die einzelnen schweren Vorwürfe möchte ich nicht wieder aufwärmen; nur um in dieser ernsten Sache auch dem Humor zu seinem Rechte zu verhelfen, wiederhole ich die darin ausgesprochene geradezu groteske Meinung, daß — wir hatten ja alten niederen Adel der Frauen für das Haus Lippe als genügend erklärt —, wenn es in Deutschland so weiter gehe, wir bald zur Republik kommen würden, es höre alle Ehrfurcht vor dem monarchischen Prinzip auf, es gebe keinen Unterschied mehr zwischen hohem Adel und sonstigen Personen usw. — und: die Tendenz des Spruches entspreche vollkommen dem heutigen Zuge nach Demokratisierung des Rechts usw. Nun scheint der Verfasser der Briefe, der zu so vernichtender Kritik des Schiedsspruches sich berufen fühlte, keine Ahnung davon gehabt zu haben, daß sogar Ihre Majestät die Kaiserin aus einem fürstlichen Hause stammt, in dem ebenfalls niederer Adel zur Ebenbürtigkeit der Frau genügt, und nicht einmal alter Adel erfordert wird, also noch weniger als in Lippe. Dies ist in einem, bald nach dem dänischen Kriege von 1864 auf Grund königlichen Erlasses von dem preußischen Kronsyndikate erstatteten, auch im Buchhandel erschienenen „Rechtsgutachten bez. der Herzogtümer Schleswig, Holstein und Lauenburg" festgestellt. Es handelte sich bekanntlich auch um den Thronfolgeanspruch des Erbprinzen, später regelmäßig Herzog genannten, Friedrich von Schleswig-Holstein-Augustenburg, des Vaters der Kaiserin, dessen Ansprüche auf die Herzogtümer zunächst wegen Unebenbürtigkeit angegriffen wurden. Das Kronsyndikat nahm dagegen mit bei weitem kürzerer Begründung als unser Schiedsspruch (S. 91 ff.) an, daß im Hause Oldenburg, speziell auch in deren Augustenburgischem Zweige, niederer und sogar junger Adel für die Ebenbürtigkeit genüge, erklärte dann aber die Ansprüche des Erbprinzen aus anderen Gründen für unberechtigt. Wenn nun jene Ehe in der Kaiserlichen Familie nicht zur Republik zu führen scheint, so wird sich der Verfasser der Briefe wohl auch über den niederen Adel im Hause Lippe beruhigen können, und ich glaube kaum, daß er dem preußischen Kronsyndikate, wie mir, den Vorwurf machen wird, daß es auf demokratisch-rechtlichem Standpunkt stehe.

Für meine Person habe ich dem Verfasser, der mir sein Bedauern ausgesprochen hat, verziehen, zumal die Anhänger der schaumburgischen Partei leider durch die irreführenden, ihre Ansprüche als zweifellos berechtigt hinstellenden Gutachten völlig sicher gemacht waren und erst durch den zweiten, dem ersten völlig zustimmenden Schiedsspruch belehrt sein werden, wie schwach die Ansprüche waren. Aber es liegt doch sehr nahe, daß, wie in den veröffentlichten Briefen, so auch in zahlreichen andern Fällen schriftlich und mündlich die schweren, auf den Vorwurf der Beugung des Rechts hinauslaufenden Anschuldigungen geäußert und verbreitet sind, und daß völliges Schweigen auf solche Angriffe zu Mißdeutungen bei Vielen Anlaß geben könnte. Für meine Person kann ich mich auch darüber hinwegsetzen; aber die große Mehrzahl der beteiligten Schiedsrichter ist seit Jahren verstorben, um so mehr empfinde ich es als eine Ehrenpflicht, bei dieser Gelegenheit für sie mit meinem Worte einzutreten, zumal ich als Berichterstatter und Verfasser des ersten Schiedsspruches die beste Kenntnis und eine sichere Erinnerung für alle Vorgänge habe.

Zunächst bemerke ich, daß bei der Prüfung, überhaupt bei der Bearbeitung der Streitsache, mit solcher Vorsicht und Sorgfalt verfahren wurde, wie sie bei den vom Reichsgerichte zu entscheidenden Sachen in dem Grade weder üblich ist, noch wegen der Arbeitslast überhaupt ausführbar sein würde. Es wurde z. B. außer mir noch ein zweiter Berichterstatter bestellt, ein umfangreicher Stand der Streitsache von mir ausgearbeitet, der den Überblick über die in vielen Schriftsätzen der drei Parteien und in den Gutachten zerstreuten tatsächlichen Unterlagen und Ansichten der Parteien erleichterte, von jedem der beiden Berichterstatter ein selbständiges eingehendes Rechtsgutachten über alle Streitpunkte erstattet, denen dann, da neue Eingaben der Parteien kamen, noch Nachträge folgten, und von jedem dieser Schriftstücke erhielt jeder Schiedsrichter einen Abdruck, von dem erstgenannten, wenn ich nicht irre, auch jede Partei. Soweit die in dem Lippischen Hause in früheren Jahrhunderten häufig geführten Prozesse von Erheblichkeit für den vorliegenden Streit sein konnten, wurden die sehr umfangreichen Akten des vormaligen Reichskammergerichts aus dem Archiv in Wetzlar herangezogen und durchgesehen usw. Die Beratung über den Schiedsspruch nach der Schlußverhandlung dauerte, obgleich wesentliche Zweifel nicht bestanden, vier Stunden.

Was sodann die schwerer wiegenden Vorwürfe betrifft, so versichere ich auf mein Wort, daß niemals von irgend jemand auch nur der leiseste Versuch gemacht worden ist, mich in meinem Urteile oder sonstwie zu beeinflussen, und daß dies ebensowenig meines Wissens gegenüber einem der übrigen Schiedsrichter geschehen ist, weder von einer Partei noch vom Reichskanzler, wie in einer Zeitschrift angedeutet wurde, noch von irgend jemand sonst. Wenn aber sogar die Ansicht ausgesprochen oder mehr oder weniger verschleiert angedeutet ist, daß unser Vorsitzender, der weit über Sachsens Grenzen hinaus in ganz Deutschland in jeder Beziehung hochverehrte König Albert die übrigen Schiedsrichter zu seiner Ansicht zu bewegen versucht habe, so ist das um so widersinniger, als er in dem ganzen Verfahren geradezu ängstlich unparteiisch und gewissenhaft sich zeigte. Für uns alte Richter ist ja die Unparteilichkeit so selbstverständlich und so in Fleisch und Blut übergegangen, daß kein Wort darüber verloren wird, mir fiel daher das Verhalten des Königs etwas auf und ich habe es um so fester im Gedächtnis behalten. Bis dahin hatte ich den König nie gesprochen, sondern ihn nur loben und rühmen gehört; die Art und Weise aber, wie er sich in dem schiedsgerichtlichen Verfahren zeigte, hat auf mich einen so tiefen Eindruck gemacht, mich so sehr von der Berechtigung der allgemeinen Verehrung, die er genoß, überzeugt, daß es mir eine Ehre und Freude ist, aus meinen Erinnerungen noch nach seinem Tode einen kleinen tatsächlichen Beitrag zu seiner Beurteilung zu liefern, zumal dadurch zugleich der Beweis erbracht wird, wie haltlos jeder Zweifel an seiner Unparteilichkeit ist.

Schon in der ersten Sitzung im Schlosse zu Dresden, in der das Schiedsgericht nur zusammentrat, eine Geschäftsordnung besprochen und die Berichterstatter bestellt wurden, betonte der König, daß selbstverständlich nur streng nach dem Rechte entschieden werden dürfte, eine Rücksichtnahme auf Zweckmäßigkeitsgründe ganz ausgeschlossen bleiben müßte, und an demselben Tage, als nach der königlichen Tafel, zu der wir geladen waren, beim Kaffee der König mit mir eingehend darüber sprach, wie ich die Bearbeitung der Sache einzurichten gedächte, meinte er wiederum, daß — was für mich selbstverständlich war — alles vermieden werden müßte, was irgend als Begünstigung einer Partei gedeutet werden könnte. Von da an bis zur Schlußverhandlung vom 22. Juni 1897 hat meines Wissens der König kein Wort über die Streitfrage mit einem von uns andern gesprochen, und das erklärt sich umso leichter, als entsprechend dem Schiedsvertrage wir in unsrer Geschäftsordnung eine Art Ausschuß gebildet hatten, bestehend aus dem stellvertretenden Vorsitzenden, Reichsgerichtspräsidenten Dr. v. Öhlschläger und den beiden Berichterstattern, dem für diese ganze Zeit der Verkehr zwischen dem Schiedsgerichte und den Parteien, sowie sonst vorkommende, nicht richterliche Geschäfte, Verkehr mit Behörden, Heranziehung von Akten usw. übertragen war, so daß der König nichts damit zu tun hatte. Keiner von uns andern Richtern hatte eine Ahnung davon, wie der König über die Streitsache und über die zu erlassende Entscheidung dachte; ja sogar in der Beratung beteiligte sich der König bei der längeren Debatte nicht, offenbar um jede Möglichkeit und jeden Schein zu vermeiden, als ob durch seine Ansicht die unsrige beeinflußt werden könnte. Da er auch, wie es für die Richterkollegien überhaupt die Regel bildet, als Vorsitzender zuletzt stimmte, erfuhren wir stets erst nach unserer Abstimmung, wie der König die gerade zu entscheidende Frage beurteilte. Als die um 9 Uhr begonnene Beratung 1 Uhr mittags beendet war, und der König uns aufforderte, zum Frühstück zu kommen, drückte er mir die Hand, sprach mir seinen Dank für die große Arbeit und Mühe aus, die ich von der Sache gehabt hätte, und fügte einige Worte hinzu, die als klares Zeichen seiner unerschütterlichen Unparteilichkeit und Gewissenhaftigkeit einen solchen Eindruck auf mich machten, daß ich für ihren Wortlaut einstehen kann. Er sagte: „Ich hätte es ja den Schaumburgern gern gegönnt, aber es ging doch nicht.“ Darin lag klar ausgedrückt, daß er als Fürst ja an sich dem Fürsten von Schaumburg-Lippe und dessen Familie näher stehe, daß das aber auf seine Ansicht und auf seine Entscheidung überhaupt keinen Einfluß haben dürfe.

Wie das eben Mitgeteilte die strenge Unparteilichkeit Sr. Majestät des Königs, so zeigen auch einzelne Züge, mit welcher Gewissenhaftigkeit und Sorgfalt er das umfangreiche und schwierige Material bearbeitete und bewältigte. Er hatte sogar, wie er mir sagte, einen höheren Beamten, wenn ich nicht irre aus dem Ministerium der auswärtigen Angelegenheiten herangezogen, der ihm bei der Bearbeitung Hilfe leistete, und er war während der bis 6 Uhr abends dauernden mündlichen Verhandlung so aufmerksam auf die Vorträge der Parteivertreter, daß er am folgenden Morgen uns in Erstaunen und Bewunderung versetzte. Er unterbrach mich nämlich mehrfach in meinem Vortrage und wiederholte zu der gerade berührten Frage wortgetreu Äußerungen, die in der Verhandlung von den Anwälten gemacht waren, und die er sich für die Beratung gemerkt hatte. Man sah aus allem, daß er das Material, selbst für Juristen schwierige Teile, völlig beherrschte.

Ich mag diesen Abschnitt nicht schließen, ohne auch die große Freundlichkeit und Liebenswürdigkeit des Königs gegen alle Beteiligten hervorzuheben. So waren an dem Verhandlungstage im Schlosse zu Dresden uns Schiedsrichtern mehrere Zimmer zur Benutzung eingeräumt, und zum Frühstück, sowie zu dem nach dem Schlusse der Verhandlung stattfindenden Mittagessen nicht nur wir, sondern auch die Anwälte und sonstigen Vertreter aller Parteien eingeladen, mit denen allen sich der König nach der Tafel beim Kaffee auf das Liebenswürdigste unterhielt. Am meisten aber trat sein offensichtlicher Wunsch, uns Schiedsrichtern den Aufenthalt möglichst angenehm zu machen, am folgenden Vormittage hervor. Als wir zu der auf 9 Uhr angesetzten Beratung rechtzeitig erschienen, erwartete uns der König schon im Sitzungszimmer und empfing uns mit den munteren Worten „Heute sind wir unter uns", womit sofort ein gemütlicher Ton eingeleitet wurde, so daß man kaum einen Unterschied von der gewöhnlichen Beratung eines Richterkollegiums merken konnte. Die Gemütlichkeit steigerte sich noch sehr, als wir nach dem Ende der Beratung vom Könige in das Frühstückszimmer geführt wurden und zu unserem Erstaunen sahen, daß nur ein runder Tisch für uns sieben Personen aufgestellt war, so daß wir auch hier ganz unter uns blieben, und infolge des runden Tisches eine allgemeine Unterhaltung entstehen mußte. Man sah deutlich, daß der König nach der Arbeit uns gern noch ein gemütliches Zusammensein verschaffen wollte ohne jeden Hofzwang. Es gestaltete sich denn auch, zumal als nach dem Essen auch die Diener hinausgeschickt wurden, bei der Zigarre ein sehr munteres Gespräch, das, als unter Vorgang des Königs Anekdoten erzählt wurden, zu manchem herzerquickenden Lachen und erst zur Verabschiedung führte, als wir zur Bahn mußten. Dieser Schluß ist uns stets eine der angenehmsten Erinnerungen geblieben.

5. In der Zwischenzeit zwischen den beiden Schiedssprüchen wurde im Jahre 1902 bei dem Landgerichte Detmold ein damit zusammenhängender Prozeß anhängig gemacht, der zwar ohne rechtlichen Einfluß auf den Thronfolgestreit und den zweiten Schiedsspruch geblieben

ist, aber durch die Fassung des in ihm erlassenen Urteils eine bedauernswerte Bedeutung erlangt und für Juristen wie Nichtjuristen weit über Lippe hinaus großes Interesse erregen muß. Es ist eine Begleiterscheinung des Thronfolgestreites und zwingt zu einer Prüfung, ob nicht ein Schutz für die Parteien in ähnlichen Fällen erreicht werden kann.

Auf Grund des ersten Schiedsspruches war schon seit 1897 der Graf Ernst zur Lippe-Biesterfeld Regent im Fürstentum Lippe. Da erhob gegen ihn der Graf Erich zur Lippe-Weißenfeld, ein Mitglied der Weißenfelder Linie, bei dem Landgericht Detmold im Jahre 1902 eine Klage, in der er — kurz zusammengefaßt — beantragte, dem Regenten Grafen Ernst das Recht der Zugehörigkeit zur hochadeligen Lippischen Familie und ferner das Recht abzuerkennen, die dem Gesamthause zustehenden Titel eines Grafen und Edlen Herrn zur Lippe usw. zu führen, — abgesehen von den Regierungshandlungen — sich des Geschlechtswappens der Gräflich Lippischen Familie zu bedienen, den der Gräflich Biesterfeldischen und Biesterfeldisch-Weißenfeldischen Nebenlinie zustehenden Namen Biesterfeld zu führen, sowie sich ferner als Familienoberhaupt des Gräflich-Lippischen Gesamthauses zu bezeichnen und die mit der Stellung eines Familienchefs verbundenen Rechte auszuüben. Die Klage wurde wesentlich auf das privatrechtliche Namensrecht des § 12 des Bürgerlichen Gesetzbuches gestützt und passiv auf die Behauptung, die auch im schiedsrichterlichen Verfahren eine hervorragende Rolle gespielt hatte, daß der Vater der Modeste von Unruh, der General von Unruh, ein uneheliches Kind, daher Modeste von Unruh unebenbürtig gewesen sei, und folgeweise alle von ihr abstammenden Personen, unter ihnen auch Graf Ernst, nicht die Befugnis hätten, die in den Anträgen aufgeführten Rechte auszuüben. Die Klage war zwar, da im Schiedsspruche die Ehe für eine ebenbürtige erklärt, und dies für alle Lippischen Agnaten bindend war, aussichtslos, aber sie wurde erhoben. Das Landgericht Detmold führte ebenfalls am Ende seiner Begründung an, daß der Klage die Rechtskraft des Schiedsspruches entgegenstehe, und wies sie lediglich aus diesem Grunde ab. Daneben prüfte es aber auch selbständig, ob die Klagbehauptung, die uneheliche Geburt des Generals von Unruh, erwiesen oder vielmehr die eheliche nicht bewiesen sei. Das war unnötig, weil für die Entscheidung ohne Wert; die Klage mußte, mochte man die Frage bejahen oder verneinen, nach der eigenen Ansicht des Landgerichts in jedem Falle abgewiesen werden. Die Gründe hatten dann in der für solche Fälle üblichen Form kurz zu lauten: „Es bedarf keiner Prüfung und Entscheidung, ob der General von Unruh ein echtes Glied der adeligen Familie von Unruh, und seine Tochter daher ebenbürtig war; in jedem Falle mußte die Klage abgewiesen werden, weil der Schiedsspruch usw." Gegen die Prüfung der Frage war natürlich nichts zu erinnern, wenn das Gericht soviel überflüssige Zeit hatte. Wenn es dann die Ebenbürtigkeit der Modeste von Unruh bejaht hätte, wäre auch die Aufnahme dieser Gründe in das Urteil unbedenklich gewesen, da dann dieses durch zwei selbständige Gründe gestützt wurde, von denen jeder es trug; das konnte für die höhere Instanz vielleicht von Wert, auch dem Beklagten nur erwünscht sein. Nun nahm aber das Landgericht an, daß der Beweis der legitimen Abkunft des Generals von Unruh der altadeligen Familie von Unruh nicht geführt, daher seine Tochter Modeste nicht als ebenbürtig anzusehen, auch eine Anerkennung nicht erfolgt sei, und knüpfte daran die Feststellung, daß danach alle Anträge des Klägers an sich begründet sein würden. Diese Ausführung und ihre nähere Begründung gehörten, wie wohl allgemein anerkannt ist, nicht in das Urteil, für das sie ohne jeden rechtlichen Wert waren; der beste Beweis dafür ist, daß, wenn sie ganz gestrichen werden, das Urteil ebensogut, ja viel besser begründet ist. Stölzel, der allbekannte und berühmte Vorsitzende der preußischen Justizprüfungskommission, sagt in seiner zum Zweck der Ausbildung der jungen Juristen geschriebenen „Schulung für die civilistische Praxis" in dem Abschnitt über die Fassung des Urteils treffend:

> Die Entscheidungsgründe sind „in bündiger Kürze, in strenger Beschränkung auf den Gegenstand der Entscheidung, in tunlichster Vermeidung von Fremdwörtern und von nicht allgemein üblichen Ausdrücken zu formulieren; es soll nichts darin stehen, das nicht auf das Endziel hinführte".

Das Endziel aber ist die Urteilsformel, hier die Abweisung der Klage, während die Begründung und Feststellung, daß Modeste von Unruh nicht ebenbürtig gewesen sei, direkt auf das Gegenteil, auf eine Verurteilung des Beklagten hinführen würde. Dennoch hat das Landgericht diese wertlose Begründung in die Entscheidungsgründe aufgenommen. Das mag ja in der Praxis nicht selten vorkommen und nicht immer erheblich schaden, obschon stets unnötige Mehrkosten dadurch entstehen. Hier sind sogar, da dieser Teil der Entscheidungsgründe in dem mir vorliegenden Abdrucke 34 Druckseiten umfaßt, in jeder Abschrift des Urteils nach meiner Schätzung mindestens 50 Bogenseiten enthalten wird, — ganz abgesehen von der für das Gericht ungewöhnlich großen Arbeitsleistung — für die unterliegende Partei recht fühlbare unnütze Kosten durch die nötigen Abschriften des Urteils entstanden. Unvergleichlich schlimmer und oft unersetzlich aber sind die Schäden, die durch ein solches Verfahren der siegenden Partei zugefügt werden können, sogar an Ruf, Ansehen und Ehre. Ich will nur einige Beispiele anführen, die sich aber leicht vermehren lassen: A. klagt gegen B. auf Schadensersatz, weil dieser vor vier Jahren ihn bestohlen oder ihm aus Rache im Garten sämtliche Bäume abgehauen habe. Der Richter begründet eingehend in dem die Klage abweisenden Urteile, daß B. wirklich den Kläger bestohlen bzw. die Bäume abgehauen habe, aber der Anspruch sei verjährt. Ein zweites Beispiel: Ein Heiratsvermittler klagt gegen einen jungen Ehemann 20000 Mark als Mäklerprovision für diese Ehe ein; das Gericht führt aus, es sei erwiesen, daß der Beklagte dem Kläger für die Vermittlung der Heirat 20000 Mark versprochen habe, aber die Klage werde abgewiesen, weil ein solcher Vertrag nach dem Gesetze nichtig sei; mit der Begründung ist vielleicht das junge Eheglück zerstört. Ein drittes: Nachdem eine Klage auf Rückzahlung eines Darlehns in höchster Instanz als unbegründet rechtskräftig abgewiesen ist, klagt der Kläger dieselbe Forderung nochmals ein. Der Richter legt zunächst in den Entscheidungsgründen eingehend dar, daß das frühere Urteil der höchsten Instanz unrichtig sei, vielmehr der Beklagte das Darlehn erhalten habe und schuldig sei, es müsse aber die Klage doch abgewiesen werden, weil das frühere Urteil rechtskräftig das Gegenteil erkannt habe.

Dies dritte Beispiel deckt sich in rechtlicher Beziehung mit dem in Frage stehenden Lippischen Falle, nur mit dem Unterschiede, daß dieser ungemein viel schlimmer liegt. Er wird von mir gerade bei dieser Gelegenheit hervorgehoben und besprochen, weil er geeignet ist, eine unvergeßliche Warnung für jeden Richter, namentlich für die jüngeren, zu bilden und ihnen in ähnlichen Fällen bei der Abfassung von Urteilen stets vor Augen zu sein.

Einen recht schlagenden Beweis für die Richtigkeit des von mir aufgestellten Satzes liefert zufällig der Inhalt des zweiten Schiedsspruches selbst. Der jetzige Fürst zur Lippe hatte, wie leicht erklärlich, den dringenden Wunsch, daß das zweite Schiedsgericht nochmals selbstständig die Ebenbürtigkeit der Modeste von Unruh untersuche und entscheide, wodurch der ungünstige Eindruck der Urteilsfassung des Landgerichtes Detmold leichter beseitigt werden konnte; aber das Schiedsgericht lehnte diese Prüfung, obgleich sie von beiden Parteien gewünscht war, ab, eben weil diese Frage bereits durch den ersten Schiedsspruch entschieden, daher ein wiederholtes Eingehen auf sie ausgeschlossen sei. Dieses dem des Landgerichts Detmold direkt entgegenstehende Verfahren war allein richtig.

Nun werden mir die Laien entgegnen, weshalb denn in den Beispielen der Beklagte, also in unserem Falle der Graf-Regent, nicht Berufung eingelegt habe. Gewiß würde er es gern getan haben; aber nach dem Gesetze und der Rechtsprechung des Reichsgerichts hat man in solchen Fällen kein Rechtsmittel. Man sagt nämlich so: „Die Klage ist ja abgewiesen, der Beklagte hat alles erreicht, was er beantragt hatte und beantragen konnte; er kann ein Urteil nur angreifen, wenn er ein rechtliches Interesse an dessen Änderung hat, und das fehlte ihm hier völlig.“ Der Laie wird das vielleicht nicht gleich einsehen, aber, wie die Sache einmal liegt, ist es richtig, denn die unnötig aufgenommenen Gründe haben für den Beklagten keinen rechtlichen Nachteil; ihr Inhalt kann nie rechtskräftig werden, daher dem Beklagten nie rechtlich entgegenstehen; sie sind völlig wertlos und haben keine größere Bedeutung als die Äußerungen eines beliebigen Privatmannes. Das Schlimme aber ist, daß der Laie das meistens nicht weiß oder sich nicht klar macht, die tatsächliche Wirkung also den siegenden Beklagten in der Auffassung des Volkes vielleicht zum Besiegten macht. Man bedenke nur, daß in dem durch den langen Thronfolgestreit ohnehin schon aufgeregten und in sich scharf bekämpfende Parteien gespaltenen Lande und in dem ohne Frage bald im Volke verbreiteten Urteile als Ansicht ihres Landesgerichts eingehend ausgeführt und festgestellt wird, daß der zeitige Regent und eventuell Landesherr kein echtes Mitglied der Herrscherfamilie und daher eigentlich nicht zur Regentschaft und Thronfolge berechtigt, sondern nur durch einen unrichtigen Schiedsspruch dazugekommen sei. Und der Graf-Regent mußte mit gebundenen Händen zusehen und konnte dagegen nichts machen; sogar ein disziplinarisches Vorgehen, selbst wenn von Erfolg, hätte ja das Geschehene nicht aufheben können. Man kann auch nicht bezweifeln, daß, so wie die Sache lag, eine Veröffentlichung des ganzen Urteils mit Sicherheit zu erwarten war. Die Partei Schaumburg-Lippe ließ das ganze Urteil drucken und zur Unterstützung ihrer Ansprüche dem zweiten Schiedsgerichte einreichen. Da dieses in der Begründung seines Spruches mit Recht jedes Eingehen auf das Urteil und seinen Inhalt ablehnte, weil diese ohne Wert für den Thronfolgestreit wären, mag dieser Abdruck keine erheblichen Nachteile herbeigeführt haben. Aber von ungenannten Personen, offenbar Feinden des Regenten, wurde ein zweiter Abdruck veranstaltet und im Lande Lippe verbreitet, der auf dem Umschlage sogar den Zusatz trägt: „Das Urteil hat die Rechtskraft erlangt." Dieser Zusatz läßt Zweck und Absicht der Verbreitung klar erkennen. Er mußte auf die Nichtjuristen und namentlich auf die weniger gebildeten Leser den Eindruck machen, daß alles, was in dem Urteil steht, also auch die Unebenbürtigkeit des Regenten, rechtskräftig festgestellt sei, während die Rechtskraft sich nur auf die Abweisung der Klage bezieht, der übrige Inhalt aber weder rechtskräftig noch sonst von Wert ist.

Da also auch das zweite Schiedsgericht aus formellen Gründen nicht hat helfen können, ist das Ergebnis sehr unbefriedigend, und das Detmolder Landgericht muß jetzt sehr bedauern, daß seine verfehlte Fassung der Gründe solche Folgen herbeigeführt hat. Um so mehr fühle ich mich verpflichtet, aus der Begründung des ersten Schiedsspruches hier zu wiederholen, daß wir Mitglieder des ersten Schiedsgerichts die volle Überzeugung gewonnen haben, daß der General Karl Philipp von Unruh, daher auch dessen Tochter Modeste auf Grund legitimer Abstammung Mitglieder der altadeligen Familie von Unruh gewesen sind. Ich kann sogar bezeugen, daß von keinem Mitgliede der leiseste Zweifel hieran geäußert wurde, und deshalb die preußisch-rechtliche Adelsvermutung gar nicht in Frage kam. Nun sind zwar nach dem Schiedsspruche neue Umstände und Urkunden, unter diesen namentlich der lange Zeit vergeblich gesuchte Taufschein des Generals und der Totenschein seiner Mutter ermittelt, und auch auf diese wird von der Schaumburgischen Linie der Vorwurf der unehelichen Geburt gestützt. Das wichtigste Stück ist jedenfalls der Taufschein, an dem hauptsächlich der niedere Stand der Taufzeugen bemängelt wird. Ich habe an der Hand der Begründung des landgerichtlichen Urteils das gesamte neue

Material geprüft und kann erklären, daß ich auch durch dieses in meiner Überzeugung von der legitimen Abkunft des Generals von Unruh nicht erschüttert, eher durch den Taufschein darin bestärkt werde. Ich kann daher die vom Landgericht Detmold in den Entscheidungsgründen ausgesprochene Ansicht nicht teilen. Darauf an der Hand der einzelnen Umstände näher einzugehen, würde wertlos sein, da ich natürlich dem Landgerichte seine Überzeugung ebensowenig bestreiten kann, wie dieses mir gegenüber tun wird, ich aber meiner Überzeugung auch denselben Wert beimesse.

Daß ich in diesem Abschnitte so breit geworden bin, zeigt, wie wichtig der behandelte Stoff ist, und wie sehr mir gerade der vorliegende Fall geeignet scheint, die Gerichte zu einer größeren Vorsicht in der Fassung der Entscheidungsgründe zu veranlassen und nur die sogenannten objektiven Gründe aufzunehmen, den Unterbau, der die Entscheidung trägt, dagegen keine Bausteine, die man wegwerfen kann, ohne den Bau zu gefährden. Der Richter muß schon in seinem eigenen Interesse stets so verfahren, er kann sonst, und das ist ein neuer schwerwiegender Grund, sich nicht wundern und beklagen, wenn unter Umständen die Partei, die er in eine so schlimme Lage gebracht hat, ihn für parteiisch hält und das vielleicht sogar ausspricht. Man nehme eines der von mir gegebenen Beispiele: „der Richter sagt in den Gründen des die Klage abweisenden Urteils, bestohlen habe der Beklagte den Kläger, aber der Anspruch sei verjährt". Wird der Beklagte nicht empört über solche Begründung sein, wird er nicht, wenn er z. B. dem Richter früher eine Gefälligkeit abgeschlagen hätte, leicht zu der Ansicht kommen, der Richter handele so aus Rache? Die Richter können nicht vorsichtig genug sein, sie müssen alles vermeiden, was zu Mißtrauen Veranlassung geben kann, z. B. sogar jedes lebhafte oder gar agitatorische Hervortreten in politischen oder kirchlichen Angelegenheiten; nur dann erhalten sie in kritischen Zeiten das für das Staatswohl so unbedingt nötige feste Vertrauen in ihre Unparteilichkeit, und zwar durch die Vorsicht des Richters selbst.

Auf andere Weise wird ein Schutz der Parteien schwerlich zu erreichen sein. Für die Gesetzgebung ist ein Anlaß zum Eingreifen kaum gegeben; es bleibt dann nur der Versuch, ob nicht das Reichsgericht einen Weg findet, unter Änderung seiner bisherigen Ansicht wegen erheblichen *tatsächlichen* Interesses auch für die siegende Partei die

Rechtsmittel zuzulassen. Es müßte in einem besonders geeigneten Falle einmal versucht werden; ich fürchte allerdings, daß der Versuch keinen Erfolg haben wird.

Ich schließe meine Bemerkungen, da ich meine, die Hauptpunkte besprochen zu haben, für die ein allgemeines Interesse bestehen wird. Ich habe mich bemüht, ganz objektiv zu bleiben und keinen Anlaß zu neuen Auseinandersetzungen zu geben, auf die ich mich weder einlassen will noch kann. Wenn ich zuweilen vielleicht die Regel, daß man innere Vorgänge aus dem Richterkollegium nicht öffentlich ausspricht, etwas verletzt habe, so glaube ich, ausnahmsweise in diesem Falle gerechtfertigt oder doch entschuldigt zu sein, weil nach der vollständigen Erledigung des Lippischen Thronfolgestreites der erste Schiedsspruch und was ihm vorhergeht, gewissermaßen schon historisches Material geworden ist, und ich eine größere Verpflichtung zu der doch geringen Abweichung von jener Regel empfand.

STUDIEN ÜBER DIE NATUR DES MENSCHEN.

Eine optimistische Philosophie

von

Elias Metschnikoff,
Professor am Institut Pasteur.

Mit Abbildungen.

Autorisierte Ausgabe.

Eingeführt durch Wilhelm Ostwald.

8. 1904. geh. 5 ℳ, geb. in Ganzleinen 6 ℳ.

Die Quelle der vielen Leiden, unter denen die Menschheit seufzt, findet der berühmte Forscher in den entwicklungsgeschichtlich bedingten Disharmonien der Natur des Menschen. Mit den neuen Methoden der Wissenschaft glaubt er die Unvollkommenheiten der menschlichen Natur erfolgreich bekämpfen zu können. Er hofft, daß es auf diese Weise gelingen wird, das menschliche Dasein glücklicher zu machen und zu verlängern — ein ideales Greisenalter herbeizuführen.

Die Teilung der Militärgewalt im deutschen Bundesstaat.

Die Militärhoheitsrechte in ihrer Verteilung zwischen Kaiser und Landesherrn

Mit besonderer Berücksichtigung des Königreichs Sachsen.

Eine staatsrechtliche Studie.

Von

Dr. iur. Walter Felix Mueller.

gr. 8. 1905. geh. 2 ℳ 20 ₰.

SUGGESTION UND HYPNOTISMUS IN DER VÖLKERPSYCHOLOGIE.

Von

Dr. med. Otto Stoll,
o. Professor der Geographie und Ethnologie an der Universität Zürich.

Zweite, umgearbeitete und vermehrte Auflage.

Lex. 8. 1904. geh. 16 ℳ, geb. in Halbfranz 18 ℳ 50 ₰.

In diesem ausgezeichneten Werke werden zunächst die abnormen Bewußtseinszustände, deren Vorhandensein sich über die ganze Erde verbreitet im religiösen Leben aller Völker wahrnehmen läßt: die Erscheinungen der Ekstase, der Besessenheit, der einfachen Visionen (und Gehörstäuschungen), die Anästhesie bei Martern, die Wachsuggestion bei den Zaubermanipulationen und die suggestiven Heilwirkungen, also das ganze Gebiet der Wundererscheinungen in der Religion und die Wunderleistungen der Priester bei den tiefer wie den höher stehenden Völkern psychologisch erklärt.

Sodann werden die neuzeitlichen Wachsuggestionen des politischen und wirtschaftlichen, des wissenschaftlichen und künstlerischen Lebens bei den westeuropäischen Völkern behandelt. An dem Beispiel der französischen Revolution im Ausgang des achtzehnten Jahrhunderts wird ihr Einfluß bei einem weltgeschichtlichen Ereignis nachgewiesen.

Druck von Metzger & Wittig in Leipzig.

www.ingramcontent.com/pod-product-compliance
Lightning Source LLC
LaVergne TN
LVHW042252300926